为人父母重要的事

親として大切なこと

[日] 松下幸之助 著　　[日] PHP综合研究所 编

刘晓燕 译　　方不圆 绘

图书在版编目（CIP）数据

为人父母重要的事 /（日）松下幸之助著；日本 PHP 综合研究所编；刘晓燕译 . -- 北京：东方出版社，2025. 7. -- ISBN 978-7-5207-4392-1

I . G78

中国国家版本馆 CIP 数据核字第 2025P6G195 号

OYA TOSHITE TAISETSU NA KOTO By Konosuke MATSUSHITA
Copyright © 2010 PHP Institute, Inc.
All rights reserved.
First original Japanese edition published by PHP Institute, Inc., Japan.
Simplified Chinese translation rights arranged with PHP Institute, Inc.
through Hanhe International (HK) Co., Ltd.

本书中文简体字版权由汉和国际（香港）有限公司代理
中文简体字版专有权属东方出版社
著作权合同登记号 图字：01-2023-5233 号

为人父母重要的事

(WEIREN FUMU ZHONGYAO DE SHI)

作　　者：	［日］松下幸之助
编　　者：	［日］PHP 综合研究所
绘　　者：	方不圆
译　　者：	刘晓燕
责任编辑：	刘　峥
出　　版：	东方出版社
发　　行：	人民东方出版传媒有限公司
地　　址：	北京市东城区朝阳门内大街 166 号
邮　　编：	100010
印　　刷：	华睿林（天津）印刷有限公司
版　　次：	2025 年 7 月第 1 版
印　　次：	2025 年 7 月第 1 次印刷
开　　本：	787 毫米 ×1092 毫米　1/32
印　　张：	4.75
字　　数：	70 千字
书　　号：	ISBN 978-7-5207-4392-1
定　　价：	51.00 元
发行电话：	(010) 85924663　85924644　85924641

版权所有，违者必究
如有印装质量问题，我社负责调换，请拨打电话：(010) 85924602　85924603

作者简介

[日] 松下幸之助 （文）

　　松下电器（现"松下株式会社集团"）创始人。1894年，出生于日本和歌山县。9岁时，独自到大阪当学徒。23岁开始创业，一路带领企业成长为全球性集团。1932年，产生了自己的哲学——松下哲学。1946年，创办PHP研究所。1987年，应中国政府之邀在华建成合资工厂。1989年去世，享年94岁。2018年，荣获中国政府颁发的中国改革友谊奖章，被誉为"国际知名企业参与我国改革开放的先行者"。代表作有《道：松下幸之助的人生哲学》《天心：松下幸之助的哲学》《道路无限》《开拓人生》。

出处一览

- 各节开篇 　　　　　　　　　　《开拓道路》PHP 研究所

第一章
把孩子培养成做人方面的优等生	《让我的孩子发展》松下电器产业（非卖品）
孩子经历打磨，一定会发光	《挖掘天赋》PHP 研究所
如何看待长处和短处	《挖掘天赋》PHP 研究所
不被学问所左右	《挖掘天赋》PHP 研究所
教育应提高人类自身能力	《松下幸之助发言集 第 11 卷》PHP 研究所
父母要有正确的人生观	《挖掘天赋》PHP 研究所

第二章
培养独立精神	《松下幸之助发言集 第 7 卷》PHP 研究所
掌握教育子女的原则	《松下幸之助发言集 第 7 卷》PHP 研究所
懂感恩，知畏惧	《致青年》PHP 文库
学会忍受痛苦	《员工必修课》PHP 研究所

第三章
引导子女独立开辟人生道路	《PHP 的语言》PHP 研究所
礼节是润滑油	《如何工作》PHP 文库
良好的教育	《松下幸之助发言集 第 13 卷》PHP 研究所
宽严得宜	《领导者必修课》PHP 研究所
切勿轻视小事	《领导者必修课》PHP 研究所

第四章
培养素直之心	《松下幸之助发言集 第 36 卷》PHP 研究所
怎样挖掘天赋	《作为人何谓成功》PHP 文库
重视实操教育	《松下幸之助发言集 第 39 卷》PHP 研究所
大器晚成	《作为人何谓成功》PHP 文库
真诚的热情就是强大的力量	《缘分不可思议》PHP 文库

第五章
教给孩子真相	《松下幸之助发言集 第 42 卷》PHP 研究所
重视历史和传统	《松下幸之助发言集 第 4 卷》PHP 研究所
培养孩子的爱国心	《经营的价值 人生的妙味》PHP 文库
义务先于权利	《松下幸之助发言集 第 4 卷》PHP 研究所
作为人，重要的事	《身为日本人，我的请求》PHP 文库

原书出版说明

当读者拿到这本书的时候，可能有人会禁不住打个问号："松下幸之助写育儿书？"读者这么想也是非常正常的事情。因为，松下幸之助作为松下电器（现 Panasonic）的创始人，曾经出版过诸多关于经营理论和工作理论的书，但迄今为止并未出版过育儿方面的著作。

同时，也一定会有读者发自内心地接纳这本书，与这本书产生共鸣。松下幸之助作为企业家，培养出了众多的优秀员工和企业管理人才，甚至被称为"育人名家"。松下幸之助的育人理念对家庭育儿也一定具有借鉴价值和参考意义。

松下幸之助除了企业家的身份之外，同时还是思想家、启蒙家。为了实现社会与人类的繁荣、和平与幸福，他在 1946 年创立 PHP 研究所，广集众人智慧并潜心研究，提出了各种各样的积极建言，其中就有不少与教育有关的观点。

此外，松下幸之助自年轻时开始就通过员工教育以及与客户之间的往来，思考"应该如何看待人类"。在创建PHP研究所之后，他又从更深层次来思考"人类的本质究竟是什么"。1972年，松下出版了他人生探索的集大成之作——《人类思索——新人类观的提倡》，他本人也将这本书视为他关于人类观的代表作。

本书将松下幸之助提倡的人类观置于首要位置，同时精选与育儿、教育、人才培养、人生活法等相关的讲话和著述，汇编成册。其中既有与育儿相关的具体的窍门方法，也有抽象的理论，内容涉猎广泛。

在对本书进行编辑的过程中，我们首先在每个章节的开头，概括了松下幸之助的观点，相信通过这些概述，您会明白松下幸之助教育思想的精髓。另外，各节的文末处还添加了简单的补充说明，希望有助于读者进一步理解本书。

真诚希望本书能够成为父母育儿以及从事学校教育人士的指导方针或依据。同时，也衷心期待我们能够培养出越来越多松下幸之助所期盼的幸福、自立的孩子。

PHP综合研究所　经营理念研究本部

目 录

第一章	孩子经历打磨，一定会发光 ………… 1
	把孩子培养成做人方面的优等生 …… 4
	孩子经历打磨，一定会发光 ………… 10
	如何看待长处和短处 ………… 15
	不被学问所左右 ………… 22
	教育应提高人类自身能力 ………… 28
	父母要有正确的人生观 ………… 33

第二章	父母应该教给孩子的重要的事 ………… 39
	培养独立精神 ………… 41
	掌握教育子女的原则 ………… 45
	懂感恩，知畏惧 ………… 50
	学会忍受痛苦 ………… 55

第三章　**无教养，不成器** ……… 61
　　引导子女独立开辟人生道路 ……… 64
　　礼节是润滑油 ……… 69
　　良好的教育 ……… 73
　　宽严得宜 ……… 78
　　切勿轻视小事 ……… 83

第四章　**只要用素直之心去学习，
　　　　孩子一定能够成长** ……… 89
　　培养素直之心 ……… 92
　　怎样挖掘天赋 ……… 96
　　重视实操教育 ……… 101
　　大器晚成 ……… 106
　　真诚的热情就是强大的力量 ……… 111

第五章 教孩子何谓正确……… *115*

　　教给孩子真相 ……… *118*

　　重视历史和传统 ……… *123*

　　培养孩子的爱国心 ……… *128*

　　义务先于权利 ……… *131*

　　作为人,重要的事 ……… *135*

第一章

孩子经历打磨，一定会发光

冬去春来,百花盛开;初夏到来,新叶青葱,漫山遍野披上华丽的衣装。

各种各样的花儿绽放,各种各样的草木发芽,各种各样的鸟儿飞舞。只有这些多种多样的事物,才能拼出一幅华丽的画卷。这是大自然装扮起来的模样。

很多日本人认为,最适合观赏的花是樱花,最好的树木是杉树,最动听的鸟儿是黄莺。确实这些都有着各自过人的韵致,但是如果日本的山野之中,到处都只有这几样,未免显得大自然过于单调了。

正是因为有各种各样的花儿,世界才会五彩斑斓;

正是因为有各种各样的树木,世界才会郁郁葱葱;

正是因为有各种各样的鸟儿,世界才会百鸟

争鸣。

这也是大自然颠扑不破的真理。人也是各种各样的，皆不相同。只有有着各种不同的人，才能充分发挥出各自最大的作用。人与人的样貌和性格不尽相同，每个人的爱好也都不一样。

与其感慨这些不同，不如去感受这些不同之中所包含的无限妙趣和丰富性。大家各自尽自己的一份力，努力互帮互助。

世界上有各种各样的人，这是一件幸事。人与人各不相同，这也是一件幸事。

把孩子培养成做人方面的优等生

不是所有的孩子都可以在学校成为优等生。但是,每一个孩子都可以成为做人方面的优等生。这比其他任何事情都更加宝贵。

无论是哪个时代，在哪个国家，父母都希望把自己的孩子培养成独当一面的优秀人才，这是再自然不过的事情了。基于这一出发点，大部分的父母都希望自己的孩子能够在学校成为优等生，这也非常容易理解。

尽管如此，有些孩子确实不太擅长学习，还有些孩子天生身体羸弱多病。所以，想让所有的孩子在各方面都做到优于常人是极不现实的。从某种角度来看，这也是没有办法的事情。

作为父母，大家也要从内心接受这一点。父母在尽可能让孩子提高学习能力和身体素质的同时，还要注意不对孩子抱有超出其资质和能力的过高期待。这是在培养孩子时一种非常重要的态度。

如果不是所有的父母都有机会期待孩子在学校成为优等生，那么对于父母来说，这会不会就是非常遗憾的事情呢？我认为，父母并不需要为此感到遗憾或因此而悲叹。因为，对于人来说，最为宝贵的事情并不是在学校做优等生，而是成长为做人方面的优等生。

具体来说,做人方面的优等生是什么样呢?首先,他需要在所有人都被平等赋予的人类共性之上,掌握使其能够堂堂正正地生活下去的基本知识和良知。在此基础上再素直①地、充分地发挥自己的素质和才能。

所有人都是在人类共性之上,又被赋予了不同的素质和个性。可以说,一万个人就会有一万种个性。比如,有人天生喜欢艺术,有人不喜欢艺术而喜欢做手工。就做手工而言,不同的人喜欢做的东西也不相同。

只有素直地、充分地利用好个性,发挥好素质,人才能真正体会到身为人的喜悦和价值。带着这样的喜悦和价值感投身工作,我们就能为自己和身边的人带来喜悦,甚至还能为整个社会的发展和繁荣

---

① 日语中,"素直"有率直、坦荡、自然、顺从等意思。素直是松下幸之助的核心理念之一,故本书直接使用原词。——编辑注

贡献力量。

善于做学问的人，可以充分利用自己的素质和能力成为学者，开展有益于社会进步的学问研究。手巧的人可以做木匠，建造出宏伟的建筑物。适合做生意的人，可以去做销售员，通过销售产品来帮助他人。

只要从事与自身的素质、个性、能力相符的工作，就可以给自己带来愉悦，为社会做出贡献。成为这样的人，就是我所理解的做人方面的优等生。如果能做到这一步，哪怕无法成为学校里的优等生，所有人都可以成为做人方面的优等生。这在每个人的人生中，都是无比重要的事情。作为父母，更应该期待自己的孩子成为这样的优等生。

在当今这个时代，很多父母往往不考虑孩子的个性和特点，一味地想让孩子进入更高等级的学校。或许这是因为父母们坚信，只要在学校学习成绩好，就可以进入一流的高中和大学，也更容易进入一流公司，更快获得升迁。但我觉得这样的趋势和潮流，迟早有一天会终结。

为了将孩子培养成做人方面的优等生,父母需要做好什么样的心理准备,完成哪些重要的工作呢?我认为,首先要尽力将孩子培养成拥有素直之心的人。

只要把孩子培养成素直的、毫无私心的人,孩子就可以自行对是非做出正确判断,知道充分发挥自己特点的重要性和可贵性,还可以充满勇气和自信地走自己的路。素直之心使人强大,使人正确,使人聪明。

父母、老师、社会上的其他有识之士,以及所有与孩子教育相关的成年人,都应该以此为目标,以热忱之心投入孩子的教育和培养工作中。只有这样,才能引导孩子成为做人方面的优等生,使孩子变得开朗、强大、正确。

松下幸之助每次被问到成功的秘诀时，总会反躬自问："自己作为一名经营者也许算得上成功，但是从做人方面来看到底算不算得上成功？"对于松下幸之助来说，真正的成功就是将自己被赋予的能力发挥到极致，并终其一生来追求这样的效果。

孩子经历打磨,一定会发光

人类就像钻石的原石,具有只要经历打磨就一定能够散发光芒的本质。拼命打磨,就一定可以开发出无限的可能性。

不知道从什么时候起，我开始有了这样的想法：人真的是非常伟大而且宝贵的。

我自出生以来，身体就不太好。后来开始创业，仍然经常生病。一直到第二次世界大战前后，我都像半个病人一样一直卧床休养。在这种情况下，就算我自己想投身一线去做各种事情，也很难实现，所以很多事情只能交给可靠的部下来完成。

在当时的身体状态下，我把工作交给部下后也无法做到随时过问，只能索性跟他们说："只需要跟我商量最重要的事情，其余的都按照你们自己的想法去做就好。"这也是不得已而为之的做法。

但是，把工作交给部下做，反而会促使他们更加努力，"老板因为身体不好卧床不起，所以交给我的工作必须圆满完成"，这么做反而能让他们发挥出十二分的工作能力。

此外，部下受到激励后不但充分发挥出自己的最大能力，还能够与别人一起朝着同一个目标通力协作，达到一加一等于三甚至等于四的效果。一个组织在这种工作模式下也经常会取得巨大成果。

通过亲身经历，我切实感受到人的伟大，可以说人的能力和可能性是无穷尽的。

在我看来，每个人都拥有钻石原石般的特性。

也就是说，尽管钻石原石本身具备发出灿烂光芒的特性，但是，在历经打磨之前是无法散发出璀璨光芒的。所以，我们首先要认识到原石历经打磨会发光的特性，然后努力打磨，只有这样最终才能收获钻石的光芒。

每一个人都是一颗钻石的原石，有时候无法通过外观判断一个人是否会发光。但是，每一个人历经打磨后都会发光。也就是说，每一个人身上都隐藏着具备各种知识和能力的无限可能性。

只要大家都能理解这一点，然后各自努力或者协同合作朝着这种可能性迈进，那么人类原本拥有的这些特质和优点自然而然就会散发出璀璨的光芒。与之相伴，整个社会将实现繁荣与和平，每个人都将收获自己的幸福。

但是，我们往往会忽视人的这一伟大之处。在一般人看来，人往往是软弱的、无法信赖的，甚至是以自我为中心、喜爱争强好胜的，而这也正是当前社会出现各种混乱情况的根源。

现今最为重要的事情，就是我们每一个人都重新认识人的伟大本质并对此拥有自信。然后就像打磨钻石原石一样，磨砺自身，让自己回归应有的状态。

只要做到这一点，人原本就具备的伟大之处必然会开出灿烂之花，最终结出丰硕的果实。

"人，生来就是伟大的""只要打磨一定会发出璀璨光芒"，这是松下幸之助经过长年探索后得出的人生观。松下电器能够涌现出众多一流的经营者，也正是得益于松下幸之助在绝对信任他人基础上进行的指导教育。

如何看待长处和短处

没必要因为自身的长处和短处而悲喜,与其这样不如以达观的态度接纳自己,充分挖掘和利用好自身的特点,这才是更重要的。

人不是神仙，所以这个世界上不存在完美无缺、全知全能的人。无论是谁，尽管在程度上有所差别，都是优缺点并存的结合体。

人有时会炫耀自己的长处，沉浸于自我的优越感之中；有时又感叹自己的短处，因自卑而烦恼。但是回头认真思考一下，这样的长处和短处，难道真的重要到值得自己为之喜或为之悲的程度吗？我认为并非如此。

因为，在平常的生活中，经常会出现长处反而变成短处、短处反而成为长处的情况。

在我常年从事经营管理工作所接触的各行各业的经营者中，经常遇到这样的例子。

这些经营者中，不乏知识丰富且行动力很强的人，也就是常说的"能人"。大家都认为一家企业如果有能力如此卓越的经营者，那么它毫无疑问会取得长足的发展。

但实际上，很多时候并非如此。反而是一些第一印象看上去并没有特别过人之处、给人感觉平庸的经营者,他们的企业蒸蒸日上、生意兴隆。

为什么会出现这样的情况?这确实值得人深思。究其原因,可能还是由于经营者的长处变成了短处,短处变成了长处。

对于拥有丰富知识和过人才能的人来说,什么事情都会,什么事情都了解,所以他们在开展工作的时候,就容易出现不听取部下的意见、不跟部下沟通的倾向。更严重的是,在部下好不容易提出自己的建议时,有时还会以一句"那么简单的事情我还能不知道"轻易地使部下的提案成为一张废纸。

这样做导致的结果就是,部下不再主动提出意见,只会用唯命是从的态度来开展工作。如此一来,不仅员工的自主性无法得到发展,经营者也无法集思广益,从而让企业失去强有力的发展机会。

另外,这样的经营者还有一个不好的倾向,他总会认为部下做事情拖拖拉拉,觉得自己亲自做会更快，所以不会把工作交给部下来完成。

或者，哪怕是把工作交给部下，也还是会事无巨细地加以干预。这样一来，部下的干劲就会低落，也很难培养出优秀的人才。无论从哪个方面来看，这种情况下的知识和才能都只会成为公司发展的障碍。

相反，看上去平平无奇的经营者的公司却能迅猛发展，因为他们的做法与上述做法完全相反。无论做什么事情，他们都不会独断专行或亲力亲为，反而更善于听取部下的建议并与他们进行沟通，并把工作全权委托给部下。这样的做法，可以让所有人的工作欲望高涨，集思广益，最终产生巨大的综合效应。

类似这种看似长处其实却成了短处、看似短处却发挥了长处作用的情况，其实不仅仅存在于企业的经营管理之中，在人们的日常生活中也会经常见到。

这么一来，我们就没有必要过于拘泥于长处还是短处。无论是长处还是短处，都是上天公平地赐予每个人的不同个性，是每个人独特风格的体现。

这样的个性和风格，从渺小的人类视角来看，可能就是长处和短处，可能就是引人喜、引人悲的东西。但是，如果从更大的自然视角来看，长处和短处就跟每个人的面貌必然存在差异一样，是超越是非善恶的存在。

原本，感觉到自己的短处产生自卑感，或者意识到自己的长处而产生优越感，其实也是很自然的人之常情。

正因为有这样的情感，所以才能进一步让自己的长处得到发展，也才会尽力去纠正自己的短处。从这一点来看，这种情感也发挥着非常重要的作用。

但是，我认为最基本的，人不能因为长处喜，也不能因为短处悲，达观地接纳真实的自己，不管是长处还是短处都最大限度地用好它,这才是真正重要的。

松下幸之助在讲到松下电器发展的原因时，曾经提到与自己体弱多病和学识不深有关。因为体弱多病，所以干脆将工作委任给别人，这样才培养出了优秀的经营者；因为学识不深，所以可以让更多人献出智慧。这也是将短处变为长处的活生生的实例。

不被学问所左右

有学问是再好不过的事情,但没有学问也不必过于在意。即便没有学问也一定有适合自己的生存之路。

我从小就没有接受过像样的教育，刚满九岁，也就是小学四年级的时候就中途退学，开始在大阪的商店里当学徒。当然退学并非我的本意。相反，我希望上学的想法，可能比普通人要强烈一两倍。

到如今我依然记得非常清楚的就是，每天早上当我开始打扫店铺的时候，店铺对面人家的孩子会穿着校服说声"我去上学了"，然后出门。这幅情景我看在眼里，真的是无比羡慕。如果可以的话，我也非常想去上学，但是家里的情况不允许。

一路走来，回望过去我才猛然发觉，这种对学问求而不得的经历，对我来说反而是一件非常有益的事情。

原因是在我独立经营自己的事业后，越来越多的人到我的公司工作，那时我就发觉这些员工，每一个都比我更有才能。

我本身没有什么学问，也算不上阅历丰富。与我相反的是，来公司工作的员工都是正经从学校毕业的，都具有相当的学问和知识。自然而然我就会觉得这些员工比我更厉害，也对他们都非常尊敬。因此，我能够主动倾听员工的建议。

相应地，员工也会因为我这样的态度而充分发挥出各自的智慧和力量。所以说，我在经营企业的时候，不是只靠自己一个人的力量，而是将所有人的力量汇聚到一起，实现了集思广益促经营的效果。在我看来，这正是让企业稳步发展的一个重要原因。

尽管如此，我并非认为，学问对我们来说不重要。相反，学问是非常重要的，这一点无须赘言。正是因为迄今为止无数先辈埋头钻研各种学问，当今人类社会的发展进步才会成为现实。未来，各种学问的重要性毫无疑问也会日益增加。

但是，这种重要性越大，我们越不能被学问所左右。

如果觉得学问非常重要而被其左右，产生无学问不成事的想法的话，只会适得其反。

有学问自然是一桩好事，但没有学问也无须气馁。即便没有学问，照样也会有适合自己的生存之路。学会用灵活的思维方式考虑问题十分重要。

但是观察当今社会的风气，似乎人们都已经将这一点遗忘了。很多人被学问所左右，被学问搞得苦不堪言。

不管是学问本身还是通过学问所掌握的知识，充其量不过是每个人安身立命的工具。

如果这个工具使用得当，自然会起到事半功倍的效果。反之，如果弄错了用法，也会带来相当严重的后果。有时候，甚至还会因为有学问而葬送自己的大好前程。

所以，我们要再次正确认识学问、知识就是工具这一点。我们应该充分利用学问和知识这一工具，而不能被其左右。为了做到这一点，首先我们需要成长到可以充分使用这一工具的程度。关于这一方面，我们都还有很大的进步空间。

当今社会高学历化趋势不断发展，越来越多的人能进入更高等的学府。越是在这样的背景之下，我们越要牢记不能被学问所左右，越要牢记应充分发挥学问的作用。

松下幸之助在承认学问重要性的同时，也在担忧高学历风潮带来的影响。有不少人并没有任何明确的目标，他们仅仅因为觉得无学问不成事就进入了大学，这样反而会导致不幸的事情发生。所以，松下幸之助大胆提出了"大学减半"的建议。

教育应提高
人类自身能力

知识是工具。不管在什么情况下,提高正确使用工具的能力的教育才是最重要的。

前段时间，在某个地方的一家造船厂发生了盗窃案。据说盗匪运来电焊机，把保险柜的铁门熔化后，从里面盗走了两千万日元。

如果不具备相关知识，这种事也是无法做到的。所以，不但要有知识，还要能够有效运用知识，要像弁庆挥舞大刀一样得心应手。但是，如果只提供大刀而不培养弁庆那样的勇士的话，也绝对无法做到得心应手。这其实是很可怕的事情。

知识充其量就是一个工具，但它是能被人掌握的工具。刀这类东西也是工具，但只是身外的工具，而知识是可以被人吸收的工具。我觉得这才是正确的想法。

这样的话，首先需要提高工具使用者的能力。如果不想办法提高人的能力，即使给他各种各样的工具，也只是徒然让他陷入无法选择的境地，甚至还有可能把工具使用到错误的地方。因此，我认为真正的教育是能够提高人的能力或者让人自身更加完善的教育。

日本当今的教育虽然打着教育的幌子，其实并没有做到真正的教育。

真正的教育，首先要能够提升受教育者作为人的本性。单纯教授知识的教育并不是真正的教育，不是正统的教育。这种教育充其量只是向人传授知识这一工具，没有达到教育的高度。

当前日本的教育，把知识作为教育的重心，真正的教育的根本即育人这一方面反而被忽视。所以，极端一点来讲，当前日本基本不存在真正的教育。

当然，这么说可能有些夸张。但在我看来，教育的核心应该是人，教育应该以人为本。其他的知识、技术之类，应该可以从广义上解释为教育的附属品。

但是，在当前社会，这个广义上的非正统的教育，却被当成了教育的核心，对于人本性的教育被抛诸脑后。这个问题，希望大家都能重新思考。

松下幸之助作为经营者,一直要求员工"做一名优秀员工的同时,还要成为优秀的社会人士"。不能只要工作做得好就可以,不能只要能力不要人品。在子女教育方面更是如此,希望各位家长可以时刻提醒自己注意做好提升子女做人的本性教育。

父母要有正确的人生观

与要求子女"要这么做""不能那样做"相比,更重要的是父母自己要有正确的人生观和社会观。

以前听人说过这样一句话："当父母是非常简单的事情，但是当好父母是很难的。"虽然无从查证这句话出自哪里，但确实非常有道理。

对于父母而言，最困难的事情大概就是对子女的抚养和教育。

古语常说"江山易改，禀性难移""打铁要趁热"。无论是谁，为了能够成长为优秀的人，从出生开始一直到长大成人，都需要接受教育，明白对于人来说什么才是最重要和最需要的。

人的生存法则，无论谁，都无法在不受教育和引导下自然养成。不管是多么伟大的人物，都需要从小接受教育，需要别人引导他走向正确的人生方向。

而引导孩子走向正确方向的责任，从广义方面来看，应该由那个时代所有的成年人来承担，这也是成年人不可推卸的责任。但是，作为最直接的责任人，每天和子女接触的父母应当承担最大的责任。

只要身为父母，就需要通过对子女抚养、教育的形式来尽到这一责任。当然，想要尽好这一责任也是很难的。

我自己也是一名父亲，也理应负有同样的责任。但是回顾子女的成长经历，我一直将精力放在了个人事业和工作上，子女的抚养和教育全部交给了妻子一人。所以，严格来说我其实并没有资格就子女的抚养和教育发表看法，但有一点在我看来极为重要，那就是父母自身必须具有正确的人生观和社会观。

我认为，作为父母直接告诉子女"这样的事情能做""那样的事情不能做"，这样的抚养和教育是非常重要的。但是，同时还需要做到的，甚至更加重要的事情就是，父母自己必须具有正确的人生观和社会观。

父母一旦拥有正确的人生观和社会观，就能形成一种坚定的信念，不知不觉中这样的信念会体现在行动中，对子女来说也是一种无声的教育。

相反，假如家长没有正确的人生观和社会观，对孩子的教育仅仅停留在口头上，不停叮嘱"要这么做，要那么做"，当然比什么都不闻不问要好，但是是否会有充分的效果，却是值得怀疑的。

所以，作为父母，一定要有自己的人生观和社会观。作为父母，就要主动追求并养成一定的人生观和社会观。

松下幸之助一直教导他人：在企业的经营管理中，身为经营者，传授大道理是非常重要的，但更为重要的就是亲身实践。"以身作则"的重要性，无论是培养企业人才还是子女教育，都是相通的。

第二章
父母应该教给孩子的重要的事

人是非常伟大的，有很多了不起的地方。可以产生很多动物绝对想不到的奇思妙想，还可以创造新事物，产生新思想。可以说是当之无愧的万物之灵长。

但是，就算是如此伟大的人类，如果生下来就被抛到一边，不进行任何人性的引导和教育，那到头来也只会像野兽一样生活。

古往今来，杰出的贤人都是从小接受父母和长辈的教育和引导的，只有这样才能够成为贤人。如果没有接受教育和引导，哪怕拥有再优秀的天资，最终也只能泯然众人。

没有教育，就不会有任何出色的成长。教育本身也是前辈对后辈负有的重大责任。这一重大责任，需要双方都抱着决然的态度，通过人与人之间的爱与热情才可以实现。

所以，我希望教育的一方能够有更加充分的热情，被教育的一方能够有更加谦虚的态度。因为，缺失了教育和引导，不会产生任何效果。

培养独立精神

与其什么事情都照顾得无微不至,不如教子女自己做力所能及的事情。这样才能培养出独立的孩子。

家庭教育和孩子教育都有相应的规则，只要按照规则进行，教育就一定能够获得成功。

比如在家里，孩子对父母说："妈妈，把那个拿给我吧。"妈妈回答"好的"，然后把东西递给孩子。这是很常见的情况。但是，还有另一种回答："你已经长大了，这样的事情可以自己做。如果你做不了，可以告诉妈妈，妈妈会帮你的。但是，这样的事情需要你自己来做。不光是不能让妈妈帮你，也不能让其他人帮你，因为这是你自己应该做的事情。"

至于哪种方法更好，这是一个值得讨论的问题。但是，如果按照我上面说的方法，子女就能明白自己的事情需要自己来做，从而养成独立自主的精神。

采用什么事情都大包大揽的教育方法的家庭和采用我所提倡的教育方法的家庭，哪个会取得更好的效果呢？

虽然我也无法断定哪种教育方法更好，但就我个人而言，还是觉得后一种方法更好。如果不这么做的话，孩子很难得到健全的成长。

松下幸之助经常说"人生也是一种经营"。只要是经营事业，就必须独立自主。各种各样的独立自主的人集中起来通力合作，可以让社会更加美好，也可以让个人度过更有意义的人生。作为父母，很重要的一点就是，要教育子女，自己的幸福不能依赖其他人，要靠自己的双手来创造。

掌握教育子女的原则

应该说的事情要说,应该批评的时候要批评,应该疼爱的时候要疼爱。只有这样教育出来的孩子才能懂得感恩。

初中毕业生在临近毕业的时候大多会对照顾自己多年的老师由衷地表示感谢，然后带着不舍静静地离开校园。偶尔也能看到一些报道说，有些学生会手持棍棒去追打多年照顾自己的老师，似乎去年的毕业季就发生过此类案件。

为什么会出现这样的事情？可能其中有个别性格怪异的学生，但肯定不是所有有这些行为的人都性格怪异。

如果教育者以权威的态度来教书育人，很难想象会培养出如此野蛮粗暴的学生。

老师有没有投入饱满的精神来教育和引导学生？应该批评的时候有没有怀着一颗炽热的心真正地进行批评教育？

如果做到了，这样的教育一定能够触及学生的灵魂。学生也一定能够深刻地领悟到有这样的老师是多么地幸运。学生心中肯定会充满感激之情，认为自己能有今天，离不开老师亲切的教育和引导。

但是，当今的孩子不知道为什么会有这么多不满。

如果老师真正做到了应该说教的事情就是要说教，应该批评的时候就是要批评，应该疼爱的时候就是要疼爱，天性率直的孩子们一定能够理解你的苦心。如果老师做不到这一点，孩子们会全部看在眼里，觉得老师一点都不亲切，甚至会出现看不起老师的情况。同样的情况，也可能会发生在父母身上。

作为子女对父母不敬，作为学生对老师不敬，根本不应该出现这些情况。但实际上这样的事情确实偶有发生，其根源大多是因为父母该说的没有说。

孩子的性格千差万别。有些家庭的教育方法正好适合他们的孩子，但我家的孩子如果采用相同的教育方法，因为孩子的个体差异，反而可能会起到相反的效果。所以，具体的教育方法还要因人而异。

尽管如此,各种教育方法都有可以遵循的原则。子女还是应该严格教育,原则上来讲应该在温柔之中树立严格的规矩。

像以前那样,父母一味地严厉,无视孩子的诉求和人权,专横地强调父母绝对权威的做法,很显然在当今这个时代已经行不通。但是,我依然认为,父母越疼爱孩子越应该对孩子严加管教,这是对孩子好,也是父母们神圣不可推卸的义务。缺乏这种勇气和热情很难成为称职的父母。

松下幸之助认为，只有严格地做到该说教的说教，该批评的批评，人才能觉醒并成长。据说有时松下幸之助会严厉到把员工骂晕倒的程度，正是在这样的严格教育之下，众多优秀人才脱颖而出。

懂感恩，知畏惧

懂感恩才会关爱他人，知畏惧才能谨慎认真。这样的人能在正确的道路上越走越远。

在当前社会，无论是谁，不管如何发奋努力，都不可能仅靠一人的力量生存下去。我们每天都会得到父母、兄弟、前辈、同事、后辈等人的帮助，就连世界上其他地方未曾见过的人，也会跟我们产生各种各样的联系。

人与人之间是这样，环境、物品，以及身边的所有事物皆如此，正因为存在这些联系，我们才得以生存和发展。大自然的馈赠、天地的护佑、赋予我们血脉生命的祖先，作为人，对这些怀有感恩之心，可以说是再自然不过的事情了。可能有人会觉得自己不需要借助任何人的力量，依靠自己就可以生活；也有人会觉得自己不需要任何人的照顾，所以不需要向任何人低头。而这类想法一旦产生便已将自己置于混乱不堪的纷争之中。

只有当一个人对一切心怀感恩，才可能生出关爱他人之情，行动上才能做到尊重别人。感恩之心使人走上共同繁荣、共同幸福之路。

此外，请问大家是如何理解心怀畏惧的？

"胆小才会畏惧,胆小害怕的人做不成任何事情。"如果你这么想的话,就大错特错了,事实并非如此。其实心怀畏惧,并不是畏缩不前,相反那是一种积极向前的姿态,是类似谦虚的态度。

比如,子女会对父母怀有畏惧,店员会对店主怀有畏惧,员工会对社长怀有畏惧。同样,社长也会对部下怀有畏惧,对整个社会怀有畏惧。不管是什么样的人,都有畏惧的对象。

不仅如此,有时还需要畏惧自己。害怕自己动不动就会心生怠惰,害怕自己会心生傲慢。即使没有人指出来,只要出现了这样的苗头,就会因为羞耻而感到畏惧。

这种畏惧与怕黑、怕狗之类的畏惧完全不是一个层次。我们应该时刻保持这样的畏惧之心,它与感恩之心同等重要。

常怀畏惧之心,谨言慎行。如果没有这样的态度,做什么事情都无所畏惧,那终究难免引祸上身。无论个人还是团体，如果忘记感恩、不知畏惧，必然会对自己的力量盲目自信，进而倚仗暴力和强权，最终自取灭亡。

因此，我们平时需要心怀畏惧，每日精进努力。只有这样大家才会更加谨言慎行，有足够的精力对自己的行为进行反省。自然而然，也就更能正确地判断出自己所要走的道路。

对任何事物都秉怀感恩之心，同时还要谦虚地有所畏惧，然后再持续不断脚踏实地努力前进，只有这样才能积累并拥有真正的力量。

要走上幸福的人生道路,松下幸之助的建议之一就是"懂得感恩"。这种感恩不仅仅是对周围的人,就连对我们生存所需要的空气都要怀有感恩之心。只有这样,才能让我们对生活感到欣喜,让人生更加丰富。

学会忍受痛苦

只要我们学会忍受痛苦并努力去行动,痛苦就会减少,最终变为希望。

人生在世，经常会被教导，每个人都要学会吃苦。在我幼年时期，这样的话更是经常听到。

前辈在指导后辈的时候，应该教的第一件事情就是要学会吃苦，不吃苦就无法成长为独当一面的人。我从孩提时期到青年时代，经常能从前辈那里听到类似的话。

在那个时代，大部分的人都会素直地接受。虽然当时还不能理解，但是既然是前辈讲的话，又是地位较高的人的经验之谈，也只能选择接受。

在听了前辈的这些话之后，不知不觉就会忘记当天工作的辛劳和痛苦。

在滴水成冰的冬日，用抹布做清洁是一件非常痛苦的工作。但是，想到前辈曾经说过这样的辛苦工作是最终迈向成功的台阶，就可以将痛楚埋在心底。忍受住了这样的痛苦，自己就会得到成长。

如果是不想吃苦，只是没有办法不得不做，这样的辛苦不会带来成长。如果听了前辈的教导去忍受并经受住了痛苦，就会掌握相应的技术和工作。这样一来痛苦的程度会降低，辛劳也会慢慢变少，所有的辛苦都会转变成希望。

只要用心，哪怕是用抹布做清洁，也可以总结出一定经验。比如用抹布做清洁，不仅仅是拧干抹布、擦拭干净就草草了事。首先想到的问题就是如何拧毛巾，拧完毛巾后里边应该留多少水分。自然而然也就会研究是该把毛巾拧到滴答滴答滴水的程度好，还是拧到干巴巴的程度好。

我觉得应该会有最合适的湿度和正确的拧法。只有这样，清洁工作的效率才会更高，也不会损伤所擦拭的物品，而且能够更好地除掉灰尘。过程中，干活的人自然而然地就掌握了一些清洁小窍门。

也许有人会觉得用抹布做清洁就是一项简单的工作，但哪怕是简单的清洁工作，只要做到极致，抹布的拧法也会成为一个重要的诀窍，因为它能够决定清洁工作做得好不好。

面对难度更大的工作时,其中所包含诀窍的难度要远远超过如何拧抹布。为了掌握其中的科学道理和基本方法并能灵活运用,就要先掌握基础工作的诀窍。

掌握工作的诀窍,绝不会是一项简单的任务,肯定需要投入相当的精力。

这也算得上是一种辛苦。但是,因为从青少年时期就反复被前辈教导说不经历辛苦就无法成为独当一面的人才,所以辛苦也就不再令人感到痛苦,而会转变成希望。

这样一来,我们可以投入更多的精力来学习其中的诀窍。这是在学习技术和技能时非常重要的一种心态。

不知道现在还有没有这样的说法,在我年轻的时候经常听人说"有苦,欣然吃苦;没苦,即便花钱买，也得吃苦"。

对于对这句话深有同感的人来说，原本就算花钱也要买的辛苦事，在做的时候还能拿到报酬，那真是值得感激涕零。

松下幸之助在自行车铺当学徒的时候，父亲曾经对他说过这样的话："过去能成大事之人，大多是幼年时期就到别人家去工作，经过一番辛苦之后方才出人头地的，所以你一定不要觉得工作辛苦，一定要学会忍受痛苦。"父亲教导松下幸之助根本不存在成功的捷径，他牢牢记住了父亲的话。

第三章

无教养，不成器

很多日本人每天早上起床洗脸后，第一件事情就是坐在佛像前双手合十。哪怕是只点上一根香，也要全家朝着佛像双手合十。这是每天早上应尽的规矩。

晚上睡觉前也是如此。晚上也同样需要遵循晚上的规矩。

虽然不必拘泥于具体的形式，但是只有通过这样，才能给一天赋予仪式感。

无论做什么事情，恰到好处的规矩是极为重要的。如果生活中没有规矩，一切将会变得散漫无序。生活散漫无序就无法正常开展工作，无法带来应有的智慧，原本属于自己的东西也会失去。

做生意、经营公司也是如此。没有规矩的管理，不知道什么时候就会使企业走向衰落。经济大环境好的时候尚可维持，到了经济大环境不好的时候，转眼之间就会土崩瓦解。千里之堤溃于蚁穴，生意规模再大，也有可能因一处并不起眼的规矩放松而全盘垮掉。所以，在日常小事中，必须时刻严格遵守应有的规矩。

为了做到这一点，最重要的因素就是教养，要在日常小事中不断提升自身教养，这样做既是为了自己，也是为了不给他人和社会添麻烦。

希望每一个人都能拥有良好的教养，过上有规有矩的生活。

引导子女独立开辟人生道路

孩子摔倒了,一定要等他依靠自己的力量爬起来。这样的教育,可以培养孩子独立开辟人生道路的心态。

教育的目的其实是让人实现真正的幸福。想要让每个人发现并充分拓展自己的天分，必须对其进行适当的教育。

如果孩子摔倒了，父母不要着急去扶。即便孩子再怎么哭闹，也要静静地等待孩子依靠自己的力量站起来。

通过这样的教育，孩子自然而然就能学到独立自主的精神。遇到什么事情都不会一味依赖他人，而是依靠个人力量开辟道路。

这样，子女最终会成长为独当一面的人，接下来几乎不需要对他进行任何干涉，所有事情都能交给子女自行判断，自由行动。因为这时子女已经完全具备了自行判断的能力，即使放手让他自由行动，也不会出现错误。

在孩子可以独当一面之前，必须进行严格的教育。等到孩子可以独当一面之后才能任其自由行动，这才是恰当的教育方法。当然，这里所说的严格教育，并非指体罚或棍棒教育，这样孩子反而会失去本来的天性，无法健康成长。

真正的严格教育，指的是发现并保护好孩子的天分，让他充分认识到自己被赋予的生命力。这样的教育，原本就不应该是被拘束、被压制的，而应该是在宽松的环境中进行的。

孩子们其实都非常单纯，本就一尘不染，像镜子般干净透彻，所以在教育子女的时候不能给孩子的清净透彻带来任何污染。如果严格的教育拘泥于一定形式，强迫孩子在某种固定模式下因循守旧，只会让孩子倍感拘束，反而产生对抗情绪。

为了培育出笔直的树苗，需要搭好支架。有了支架，树苗才能长得又快又直。开始时，树苗只依靠自己的力量很难茁壮成长，如果放任不管，任凭风吹雨打，就可能长成歪歪扭扭的样子。搭好支架后，树苗不断成长，慢慢地可以依靠自己的力量直立起来，这时候自然就不再需要支架了。

家长的教育和管教就像树苗的支架。给树木安装支架，目的是让它长得更直更高。

管教有方的家庭，能培养出优秀的孩子；教育有方的学校，可以培养出优秀的人才；对员工的培养有序得体的公司，能够制造出高质量的产品。

所以，对于第二次世界大战后一直被忽视的教养教育，我们需要进行反省，重新认识，纠正认识误区。无论是家庭还是学校，甚至是整个社会，都应该营造一种环境来进行严格的教育。

松下幸之助强调，无论是国家、企业，还是个人，都要避免出现依靠他人、依赖他人的状态。如果希望子女能够实现坚实有力的成长、取得真正的成功，一个必不可缺的重要条件就是使其在幼年时期就树立依靠自己的力量开拓道路的信念。

礼节是润滑油

礼节既不死板，也不是简单的流于形式。礼节是确保社会生活顺利运行的润滑油。希望所有父母都可以把子女培养成善于用礼节表达真心的人。

偶尔会听到人说:"最近的年轻人都不懂礼貌。"一个重要原因就是,无论是家庭还是学校,在第二次世界大战后都不再注重礼节方面的教育了。

当然,也有不少年轻人的礼数非常周到。但有些人认为老师和学生之间应该像朋友一样相处,所以越来越多的年轻人没有掌握应有的礼节就进入了社会,这也是当前的现实情况。

在社会生活中,规矩、礼节是不可或缺的。对于进入社会之前一直对礼节满不在乎的年轻人来说,这也许令人感觉过于拘束压抑。

认为礼节束缚人的人,假设遇到行事乖张、目中无人的狂妄之人,他会是什么样的感受呢?考虑到这种情况,我想无论是谁都会认同礼节的必要性。

我认为,礼节既不死板,也不是简单的流于形式。换言之,礼节在社会生活中起着润滑油般的作用。

机械隆隆运转的时候,内部零件紧密咬合,如果没有润滑油,摩擦会产生火花,进而导致机器磨损。与此相同,人与人之间同样也需要润滑油,而日常的礼节所起到的就是润滑油一样的作用。

所有的礼节,都需要发自真心,然而如果只将真情实意深藏心底,这样的情感并不能起到润滑油的作用。只有通过一定的形式将内心的情感表现出来,传递给对方,才能真正发挥出它的作用。

松下幸之助一直提倡，义务教育应该以德育为中心，并确保与智育、体育之间维持平衡。特别是理解教育，不能仅仅记在脑子里，还必须用身体来牢记，最好能在吸收能力最强的幼年、少年时期进行贯彻到底的教育。

良好的教育

从小接受良好教育的孩子,行为是截然不同的。教育子女时不能让孩子感觉到拘谨,形式一定要自然,这一点非常重要。

第二次世界大战后，日本家庭不再进行原本由家庭承担的教养教育，公司也不再进行原本由公司承担的教养教育，日本国民逐渐丧失了身为国民的教养。我觉得这是一个非常严重的问题。

前段时间，我也有了重孙子，他现在已经两岁。两岁零几个月的孩子还很小，但是每次见到我的时候，他的妈妈都会跟他说："给曾祖父鞠躬。"每次听到妈妈这么说，他都会规规矩矩地行礼。这就是父母对子女的一种教育。

如果父母什么都不说的话，孩子可能都不知道需要行礼。但是经过父母指点之后，现在不用别人提醒，他也知道见面后应该先行礼。那模样真是可爱至极。

这种看着似乎不起眼的家庭教育其实是非常难能可贵的，但这样的教育在实际生活中却很少被贯彻执行。

生活中一定程度上比较收敛的人，行为举止总是跟他人有区别的。有的家庭对子女自小就管教有方，有的家庭则完全不是这样。到底哪个更好，我觉得孩子还是应该接受严格的教育，接受严格的教育对今后的成长更加有利。

良好的教育是必不可缺的。可以说，只有接受良好的教育，人才能成长、成才。孩子应该自幼年时期或少年时期就开始接受适当形式的教育。但是，这种教育应该适度，不能让孩子感觉到拘束。我认为非常重要的一点是要以非常自然的形式来对孩子进行教育。

这样的孩子长大后，整体国民素质将会实现提升。就当前的社会现状而言，国民教养十分缺乏。

当前教育中的智育、体育已经实现长足的发展，但德育却完全没有达到普及的程度。家庭进行教养教育，学校开展德育，只有这样才能培养出全面发展的人才。

如果家庭的教养教育做得好，孩子自然而然就能掌握应有的礼节礼仪。言谈举止间自然流露的良好教养正是内在德行的外在体现。

松下幸之助从9岁开始做学徒，在做学徒的过程中他不仅学会了怎样与顾客寒暄、怎样行礼，也学会了作为生意人应如何看待事情、思考问题，可以说做学徒期间松下幸之助接受了多种商业素养锻炼。后来松下幸之助经常说，自己能有今日的成就，多亏了当时所接受的用心、严格的教育。

宽严得宜

"宽严得宜"并不意味着严厉与宽容、批评与表扬各占一半,严厉的部分应该尽量少一点。

江户时代的大名池田光政曾经说过这样的话:"想要治理好国家,领导者需恩威兼备。如果只有恩而无威,百姓就会像撒娇的孩子一样不听训教,最后一事无成;相反,如果一味地以威逼人,百姓看上去似乎很听话,但实际上会逐渐疏远领导者。正确的做法应该是以恩使人亲近,并且赏罚分明,不使法度崩坏,这样才是真正的威。所以,没有恩的话,威就没有任何用处;没有威的话,恩也无法发挥作用。但更重要的是,如果无法体察下情,无论恩还是威都不会起作用。"

这真是再好不过的至理名言。

恩与威,换句话说就是宽与严,抑或表扬与批评。这两者需要兼备,而且还需要掌握合适的度。

如果一味和蔼待人,人们就会恃宠而骄,无法成长;如果一味严于待人,人们则会畏首畏尾,阳奉阴违,无法坦荡地自主地工作。所以,恩威并施非常重要,不能偏于其中任何一方,要宽严得宜。

但是,宽严得宜在我看来并不意味着严厉与宽容各占一半。严厉的部分应该尽量少一点。比如20%的严厉和80%的宽容,甚至将严厉的部分降到10%,剩下的90%用来宽以待人,这样才可能达到充分发挥人的积极性的最理想状态。

实际上,也有这样的情况。有些领导者总是一副和蔼态度,但是部下都很卖力工作,也能取得相当的成果。这是因为这样的领导者,能很好地把握施威的核心要点,从而在众人中树立威信。

正如池田光政所说，只有做到体察下情，换言之就是了解实际情况、精于人情世故，才能做到宽严得宜。我认为，作为领导者，无论如何都应时刻提醒自己，尽量多宽容而少严厉，做到宽严得宜。

松下幸之助经常跟人说，精于人情世故是企业培养人才的要点之一，这一点在育儿方面可以说是相通的。除了本节内容所说的掌握严格与宽容的平衡之外，父母还需要严格做到赏罚分明，这样才能更好地促进孩子的健全成长。

切勿轻视小事

小的失败或过错，基本上都是因为粗心、马虎引起的。越是微不足道的小事越不能忽视，反而需要认真对待。

据说，三菱创始人岩崎弥太郎曾把一名干部叫到自己的办公室，指着桌上的一张纸大声呵斥道："好好看看这是怎么回事！"这名干部十分吃惊，一看放在面前的是他用公司的信笺纸写的休假申请。

岩崎弥太郎严词厉色地说："身为公司高层竟然公私不分。休假是私事，怎么能用公司的信笺纸来写？你要接受处罚！"然后扣了这位干部一年的工资。当事人为自己的行为深刻反省并道歉，甘愿接受处罚，在那之后对工作更加兢兢业业，干得非常出色。

这事放到现在来看，会让人感觉做得太过了。一般大家都会觉得这是小事就过去了，顶多提醒一句"你注意一下"。我觉得，对这样的事不但严肃批评，而且还重罚一年工资的弥太郎自不必说，甘愿受罚并在那之后奋发图强的干部也很伟大。

作为领导者，最应该学习的是上面两个人表现出来的非比寻常的较真儿态度。正是他们的较真儿,才成就了三菱的宏伟大业。

同时,我认为弥太郎之所以对这件可以说是微不足道的小事严肃处理,是有他的理由的。

一般来说,人们在面对他人大的失败时会严肃批评,而对小的失败往往稍微提醒了事。但是仔细想想,出现大的失败时,结果虽然不尽如人意,当事人一般也是竭尽全力地思考和努力过的。因此,这种时候,不如鼓励他说"你不要担心",然后一起研究失败的原因,并在以后引以为戒。

与此相反的是，小的失败或过错基本上是当事人粗心、马虎引起的，大多数情况下他自己都没有意识到有什么问题。千里之堤毁于蚁穴，那些小失败、小错误可能就是在未来引发严重问题的隐患。

领导者不能一味地拘泥于小事而忽视了大事，但有必要对小失误严厉斥责，对大的失误则当作今后发展的动力加以研究。

松下幸之助作为领导者，也亲身实践了"不轻视小事"的原则。他对曾经造成重大损失的营业所长说"第一次就当是吸取经验，第二次才是真正的失败"，却会严厉斥责答不出当日营业额数据而想去查阅当日统计表的负责人，批评他"对工作不够重视"。

第四章

只要用素直之心去学习,孩子一定能够成长

人们为了纠正自己的衣着穿戴需要照镜子。镜子是极其诚实的，会将事物的样子原原本本地照出来。再怎么倔强地坚称自己的领带没有歪，只要照一眼镜子，是非曲直马上就会一目了然，照镜子的人也会承认错误并改正。

尽管镜子可以用来纠正人的衣着穿戴，却无法照出人心的是非曲直。所以，人们往往很难意识到自己的想法和行为中的错误之处。人心难测，这也是没有办法的事。但是，如果能有求知、谦虚之心，那就能随处找到照出内心的镜子。

周围的一切物与人，其实都是自己内心的反映，也是照出自己内心的镜子。所有事物都是自己内心的反映，所有的人也都与自己的内心有关。

古代圣贤教诲我们要"首先去除眼中的梁木"。所以，希望每个人都能仔细地去观察周围的一草一木,去倾听周围人的声音。只要有这样的谦虚之心、素直之心,所有的人和物都能成为映照我们内心的镜子,原原本本地照出我们想法的对错与行为的正邪。

培养素直之心

能正确认识事物的真实样貌对于人生而言极为重要,为此需要拥有一颗素直之心。

当前教育的一大误区就是完全摒弃了素直之心。也就是，没有教育孩子们素直地看待事物。前段时间，我曾经召集四五名大学毕业生开了一场座谈会。会上我跟他们讲道：

"你们都是接受过最高等教育的优秀人才。完成大学课程也是非常难得的事情。但是，今后进入社会，为人处世非常重要的一点就是要有素直之心。只有拥有了素直之心，才能抓住事物的本质。想要让你们所学的知识、技术充分发挥作用，没有素直之心是无法做到的。如此重要的素直之心，你们有没有考虑过自己主动培养？或者老师是如何引导你们培养的？"

结果，几位大学毕业生异口同声地说道："从来没有考虑过，老师也没有教过。"

也就是说，与自己所学的政治学、经济学相比，更为根本、更为重要的素直之心的培养却是完全空白的。我认为正是出于这个原因，日本才出现了衰退的征兆。

究其原因,学问越高、技术越强,人往往越自以为是,越容易走向执拗和偏执的极端。这样的人不能抓住事物的本质。所以,素直之心对我们来说是必需的。天地自然之理究竟在何处,可以说只能由每个人各自通过自己的切身体验来感受和把握。但是,如果拥有素直之心,以素直之心看待并分析事物,自然就会理解天地自然之理,其行为举止也会符合天地自然之理。

这样一来,行为举止就不会被学问、知识、权力所左右,人不会利用地位来恃强凌弱,而是全部遵循自然之理,采取正确的行动。在这样的行为举止下形成的方案方法,能够指引人们走向繁荣。

松下幸之助将素直之心定义为不被利害得失、感情、知识、先入为主的观念所左右，实事求是地看待事物的心。人一旦拥有素直之心就可以变得更加强大、正确、聪明。作为父母，在教育子女培养素直之心的同时，自身也要努力培养自己的素直之心，这是同样重要的事情。

怎样挖掘天赋

通往成功和幸福的道路,只有在挖掘出自己的天赋并将其充分发挥的时候才能找到。所以,要有挖掘自身天赋的强烈愿望和素直之心。

想要弄清楚自己的天赋和特质究竟是什么，这其实并非易事。也就是说，上天赋予我们天赋和特质，但不会让我们轻松找到。听上去似乎有些不合理，但这正是人生的妙趣之处，也是人生的意义所在。

如果轻轻松松就能找到自己的天赋和特质，那人生的意义就会变得淡薄。正是因为不容易，才会努力去追寻，人生的意义正是藏在努力的过程之中。

首先我们明白挖掘天赋的过程是曲折的，接下来应该采用什么样的方法去挖掘呢？最重要的一点就是，首先要有想挖掘天赋的强烈愿望。我渴望成功，为此必须挖掘自己的天赋，每时每刻都要有无论如何都要挖掘出自身天赋的强烈愿望。

只要愿望足够强烈，就可以在日常生活中自然而然地发现自己的天赋。比如，有时候能听到自己内心的声音；或者由于某种动机或某件事发现了自己拥有某种意想不到的天赋。此外有时候也会被别人提醒自己具有某种天赋。这时候，自己的愿望越强烈,就越能灵光一现发掘出天赋来。相反,如果自己的愿望不够强烈,就算别人提了意见也只是左耳朵进右耳朵出,不会对自己有任何裨益。所以,最重要的就是自己要有挖掘天赋的强烈愿望。

为了做到这一点,需要随时怀有素直之心。缺乏素直之心,人会高估自己,或者曲解他人的正确建议,难免会出现南辕北辙的结果。也就是说,强烈愿望和素直之心,二者缺一不可。

在每个人都拥有强烈愿望的前提下,从孩子幼年时期就对其进行这种教育,周围的人也应该尽量为孩子创造便于挖掘自身天赋的环境和氛围。既要在家庭中营造这样的氛围,同时学校教育也要与此相向而行。再进一步讲,整个社会都需要秉持挖掘天赋的热情,尽量创造一个便于每个人挖掘自身天赋的大环境。

只要每个人都能挖掘出自己的天赋,并努力追求自己的想法,那么所有人都会获得属于自己的成功,也能找到通往幸福的道路。不仅如此,只要所有人都能遵从自己的天赋,不勉强自己,不做无谓的竞争,践行自己被赋予的责任,那么整个社会活动就会成为一个有机整体,一天比一天繁荣。

为了挖掘孩子的天赋,孩子和父母都需要拥有素直之心。作为父母,很容易把自己的希望加诸子女身上。但是如果被这样的想法所左右,就很难实现挖掘子女天赋的目的。在判断孩子的资质和才能的时候,父母需要抱有不被外物所左右的心态,避免先入为主,回归素直之心。

重视实操教育

想要学游泳,必须进到水中。知识教育本身也很重要,但是为了能够运用知识,必须重视实操教育。

实操教育是非常重要的,也很有效。

在榻榻米上不管怎么练习游泳,也不一定能够学会。想要真正游起来,只有进入水中,呛上一两口水,吃过该吃的苦头才能掌握技巧,让身体漂浮起来。

从这一点来看,我认为体验教育,或者说实操教育的意义非常重大,在今后的教育中应该被放到更加重要的位置。

尽管如此,我并不认为学校教育没有契合实际,也完全没有轻视为追求学问上的真理而进行的基础教育和理论教育。我希望的是,在今后的学校教育中,除了基础教育、理论教育之外,同时还要注重并实施实操教育、体验教育。

我认识一位美国设计师。他对设计的一些担忧,我也深感赞同。比如在设计的时候,整体设计本身与日本的设计师所考虑的没有太大差别,但是在具体为什么选择某种设计的时候,他并不是仅考虑设计所表现出来的效果与美感，还会考虑材料价格是否优惠、制作工序是否简洁、产品是否经久耐用等各项因素。

也就是说，设计并非只追求美学感受，同时还需要进行经济等方面的综合考量。对此，我十分钦佩。究其原因，大概是美国在学校教育的阶段就已经严格地实施了实用教育。所以，美国的设计师和技师一从学校毕业，马上就可以直接转变为实用人才。

相反，在日本，从学校毕业的人很少有直接成长为实用人才的。其原因应该是学生在学校接受了理论知识的教育，却没有接受过如何运用知识的教育。

每次想到这一点，我都会深深感叹，今后的社会教育或者学校教育都需要加强这类实用教育以及契合实际需求的思维方式的教育。

松下幸之助曾经被问过"为了集思广益,是否有必要通读古今中外的各类书籍",对此他是这么回答的:"书,是将动态的原理以静态的方式进行的说明,仅靠图书是无法理解真理的。除了读书,还需要用心观察现实世界这本动态的书。"

大器晚成

大器晚成之人,都是兢兢业业做自己该做的事情,坚持不断学习的人。

世间经常有人会被说是大器晚成型的人才。意思是说当前还没有取得大的成就，但是一段时间后一定能够出人头地。"大器晚成"这个词有时候给人感觉不像是褒义词，但是，我觉得大器晚成其实有着更加重要的内涵。

一般情况下，进入新的环境，或者开始新的工作，有的人很快就能掌握工作要领，把工作干得很好。这当然是非常值得肯定的，如果能够长期保持，是再好不过了。

但是，往往越是这样的聪明人，反而越容易在中途陷入死胡同而一蹶不振。相反，那些一开始不擅长抓住工作要领、出师不利的人，通过向前辈和领导请教，再加上自己的勤学苦练，经过日久天长坚持不懈的努力，反而能取得更加辉煌的成果。

实际上，人都是在接受很多帮助和教诲后才能得到成长的。只有在合适的时机得到父母的管教、学校的教育、朋友的交往、前辈的指导，才能健康成长。

但是，与此相比更加重要的是本人对这些帮助和教诲，要有发自内心想要学习、吸收的态度。

幼小的时候尚且问题不大，等到开始懂事、成为独当一面的社会人士时，每个人都必须自发地从各种事物中吸收养分，自发地提升自己。

有很多人离开学校进入社会后，就失去了学习的热情，这样的人很难大器晚成。有些人虽然在学校期间默默无闻，但在进入社会后能够勤勤恳恳、脚踏实地地完成自己该做的事情、学习该学的知识，这样的人一定会在后期实现迅速的成长。

学习甚至可以贯穿人的一生。能够在一生中保持主动吸收新事物、学习新知识的态度，这样的人就可以称作大器晚成型人才。秉持这种态度的人，会不断取得进步而不会止步不前。随着时间变化，一定能够一步一步得到坚实的收获。

每经过一年就能培养出一年的实力,每经过两年就能培养出两年的实力,再经过十年、二十年、三十年,自然就能培养出相应年头的实力。这样的人才是真正的大器晚成型人才。

松下幸之助经常会说的一句话是"你的想法是怎样的？"。即便是年轻的新员工，他也经常会询问他们的意见，向他们请教自己不知道的问题。松下幸之助小学就辍学了，但是博学多才，因为他一生都在学习，始终秉持终身学习的人生态度。

真诚的热情
就是强大的力量

知识匮乏、才能不足都不是问题。只要有「无论如何都想做成功」的真诚的热情，大多数事情都能做成。

我们在处理工作或其他事情时,很多精神品质都很重要,但其中最重要的一项是真诚的热情。

毫无疑问,知识和才能都是极其重要的因素。但是,并不是说,不具备这些因素就一定无法做成事情。哪怕知识匮乏、才能不足,只要具有充满真诚的热情,想着无论如何都要做好这个工作,就一定能够实现自己的目标。

即便无法亲自把工作做好,但那份真诚的热情也能转化成一种看不到的力量,自然而然地感召

周围的人。就像肉眼无法看到的磁力可以轻而易举地吸引铁一样,真诚的热情可以引来意想不到的助力,大多时候都能将工作顺利完成。

我认为,这一原则同样适用于我们的人生。

松下幸之助在强调热情的重要性时常把热情比作梯子。"无论如何都想爬上二楼,但怎样才能爬上去呢?只有强烈的热情才能在关键时刻变成梯子。如果脑子里想的是能不能爬到二楼都无所谓,这种满不在乎的态度是变不出梯子的。能够创造出梯子的不是才能本身,而是人的热情。"

第五章
教孩子何谓正确

只是改变一下对事物的看法，人类就可以忍受任何事情，也可以经受任何痛苦。不仅如此，还可以以积极的心态面对不喜欢的事物，把令人痛苦的事情变成令人开心的事情。所有这一切都仅仅取决于人们的心态和对事物的看法。同一个人，既可能变成天使，也可能变成恶魔，这也源于人的一念之间。

这么来看的话，人生中就不会再有任何让人绝望的事情了。

但是，为了能拥有正确看待事物的思维方式，人首先必须正确认识事物的真实情况，并将事物的真实情况教给他人。也就是说，人们必须知晓事物的真实面貌。

当然，人的感情也非常重要。但如果被感情左右，因为觉得对方可怜或者痛苦而不敢说出事物的真实情况的话，其实不是真的为对方好。不明真相，不知道实际才是真正的不幸。

人是非常伟大的,面对真相反而能大彻大悟,镇静下来。因此为了正确看待事物,我们应该秉持素直之心,始终讲真话,互相传递真相。

教给孩子真相

一个人,不管资质多么优秀,如果没人告诉他真相,也不能成为一个能抓住事物本质的人。希望大家能够教给孩子真相。

我觉得，一个人无法知晓事物的本质是一件非常可怕的事情。

以前的王公贵族身份高贵，从小娇生惯养，身边有各种各样的仆人把他们的生活照顾得无微不至。在这种环境里长大的人，一般都不了解世间的疾苦。所以，他们之中大部分都是"何不食肉糜"之辈。

但是，如果换成另外一种教育方式，在吃饭的时候，负责教育的人给年轻的主公讲解一粒米饭是怎么生产出来的："现在您吃的每一粒米，都需要老百姓在一年之间做很多事情才能收获，然后还要通过八十八个关卡才能运到您的面前。中间要历经风吹雨打、千辛万苦，才能收获一粒米。您将来身居高位，自然不必亲自做这些辛苦的事情，但是如果不能真正了解百姓疾苦，就无法管理好自己的子民。"

经过这样的教育，即便是四体不勤的贵族也会说:"原来如此,我明白了。这么说,我必须善待百姓啊。"从而就会明白为君之道,当行仁政。

相反,如果负责教育的人说"这是百姓们生产的东西,请尽情享用",估计结果会是截然相反的。

我常常怀疑,现在的大学生是不是接受的都是后一种教育,所以他们无法理解世间疾苦。每每想到这里,我就不由得再次感叹教育是多么地重要。

简单来说,教育就是教授事实真相。不能将事物的真实情况教授给学生的教育算不上真正的教育。

科学的原理自然属于真相这一范畴。正因为教授原理,科学才成了科学。精神方面也应该求真,讲真相。农民的辛苦就是一种真相,如果农民懒惰懈怠,根本无法收获稻米。负责教育的人员,必须告诉主公真实情况,也就是如果稻米歉收出现饥荒,每个人都会大难临头。

正因为没有人进行这样的教育，才会出现愚蠢的王公贵族。即使拥有不错的资质，哪怕是拥有过人的资质，如果没有人教，终究不会明白事物的真相。

松下幸之助认为，想要了解事物的本质，实践体验是不可或缺的。比如盐的咸味，光靠脑子想或者眼睛看是无法明白的，只有舔上一口才能真正明白什么是咸的味道。所以，我们在教孩子任何东西的时候，能让他们亲身体验的时候，就要尽可能多地让他们亲身体验。

重视历史和传统

只要身为国民,就应该重视国家的传统。历史长河中正面的典故、为社会发展做出自我奉献的先人,这些知识都要尽可能地传承给孩子。

世风日下，袖手旁观者越来越多，这是有一定原因的。

第二次世界大战结束后，政府和领导者都努力试图重建日本。但是，对于日本人来说什么才是正确的，需要思考什么样的问题，这些最重要的精神层面的问题却被放置一边。

不管怎么说，我们是日本的国民，只要身为国民，就应该重视国家的传统。但当时的教育方针则是不能教授日本传统文化，也就是不能教授日本历史。

我们可以试着回想一下自己的历代祖先。极端一点来说，每个人的祖先可以往前追溯上千甚至上万年。

千万年前的事情暂且不提，我们先回顾一下最近十代人的历史。在这十代人中，比如说第二代的祖辈成了社会成功人士，做过诸如此类的事情，第三代的祖辈又立下过什么丰功伟业。每每讲到这些的时候，自己也会感到无比光荣。

当然，祖辈中也可能出现过让人不敢恭维的角色。比如说祖辈里有三个优秀的和两个犯过小错的人。如果把这三个优秀的人全都抛到脑后，只在意犯过错误的两个人，就此得出结论"我的祖辈不好"，这样对你来说也是不公平的。

非要做出选择的话，我觉得也应该是将犯错误的两人放到一边，向他人讲述三名优秀先人的事迹。讲祖先的正面典故，对自己的子孙也是一种教育。

"我们祖辈中的某某人和某某人，做出过这样的社会贡献。等你长大了，也要成为这样的人。"

相反，不去讲做过好事的人，而提到犯过些许错误的人的时候，就单单把他们拎出来说："我们的祖先做过这样的坏事，你也要学着做。"我想应该没有人会这么说吧？不仅仅是个人，国家也是如此。

但是，现在国家的做法却是单单把坏人的事情拉出来，把好人完全隐藏起来。第二次世界大战后的教育方针就是不能教好的东西。

教育是非常脆弱的，而且以自我为中心。在历史上出现的杰出人物，大都是通过某种形式牺牲自我，并为社会做出了一定贡献的，而我们的教育却不允许把这些事迹教给学生。

在我看来，这正是导致当今社会中袖手旁观者越来越多的一大重要原因。

松下幸之助常常担忧日本的教育过于偏向所谓尊重个性和人权的"个人立场",再三强调应该注重与自他相爱、共存共荣的"世界人类的立场"以及"作为一家国民的立场"之间的平衡。

培养孩子的爱国心

只要爱自己,就需要同样地爱他人、爱城市、爱社会、爱国家,这对每个人来说都是非常重要的事情。

只要爱自己，就需要同样地爱他人，这对于每个人来说都是非常重要的事情。在这件事情上，当今的日本社会又教了多少呢？

现实中其实更多的是这种情况：爱自己但是不爱他人，爱自己但是不爱自己所在的公司，爱自己但是不爱自己的城市，爱自己但是不爱社会，爱自己但是不爱自己的国家。

对自己的爱，可以说是非常之深，但是对自己所生活的国家之爱即爱国心却非常淡薄。这也是当今日本社会的一个普遍现象。

大家都这么做，这个国家会变得更好吗？我觉得是不会的。如果国家不能变得更好，那自己所居住的地方还可以安然无恙吗？我觉得并不会。

同样，不爱自己的国家就等于不爱这个社会。不爱自己所属于的团体，不爱自己的家庭，最终也就等于不爱自己。

松下幸之助经常强调爱国心的重要性，这里所说的爱国心，指的是爱自己国家的同时也要兼顾其他国家。松下呼吁大家摒弃只追求本国繁荣的狭隘的国家民族主义，培养具有更宽广视野的"真正的爱国心"。

义务先于权利

不能只教给孩子权利。必须教给孩子,只有尽到自己的义务才能主张自己的权利。

我们这个国家有一亿多国民,最近的国民整体给人感觉越来越自私,那是因为教育内容是自私的。从小学开始就教育学生:你有这样的权利,属于自己的权利必须自己去争取。这样的教育,一直持续到上大学。

如果说的是"你还应承担××义务,你必须尽这些义务,只有这样你的权利才能被认可",那么还可以理解。但是,学校的教育却丝毫不提义务的事情,只教给学生你有这样那样的权利。

所以,这样教育出来的人只会提各种要求:"国

家有义务让我吃饱饭,我有要求这样那样的权利。"等这些要求堆积到一定程度,自然而然问题就出现了。

松下幸之助也曾阐述过应教人们认识和承担应尽的义务，这是一种社会责任。个人、企业、社会都有各自应该承担的责任，比如对于孩子们来说，现阶段的义务就是身心两方面的学习。只有大家都把各自的责任承担起来，才能让每个人的幸福成为现实。

作为人,重要的事

把道义和道德这些对于人来说最为重要的事情实实在在地教给孩子,在此基础上充分尊重孩子的自由和自主性。

终究还是好的方面的刺激越来越少，而坏的方面的刺激越来越多。即便是在成年人的行为中，也存在诸多类似的情况。作为成年人，必须承担引导者或者指导者的任务，呼吁孩子们积极向善。但是，现在却很少有人去这么做。如果一直是这种状态，无论到什么时候，年轻人都很难变得积极向善。

可能有人会觉得，道义和道德这样的事不是教出来的，必须通过自己的思考才能掌握。但是，我认为所有的事物都需要经过教育才能理解。不管是科学，还是其他东西，只有先接受先辈的指导，才能慢慢理解。然后才能在理解的基础上产生自己的想法，最终形成自己独特的思考方式。

所以，首先必须要由大人进行指导。如果从一开始就说"你随便去干吧"，任凭谁都是无法办到的。这就是教育的必要性所在。

道义和道德同样也需要教育。日本的传统、当今的优秀文化也需要重新研究和审视，告诉并教导孩子们真相。这样在社会生活和个人责任方面才会产生正确的思维方式，并最终带来整个社会的繁荣和进步。

近年来，在教育和指导方面，却出现了一些新的看法和观点，甚至会动摇指导者的信念。我认为这是一个非常严重的问题。

这样的看法和想法就是：当今日本是一个自由国家，在进行教育的时候应该尽量尊重个人的自由，在自由的前提下对每个人的个性加以引导。这当然是值得肯定的。但实际情况却是被尊重自由的想法所左右，甚至严重过头，导致一些本该教给孩子们的东西被丢弃了。

在孩子的教育过程中，首先必须把道义和道德这些对于人来说最为重要的事情实实在在地教给孩子，在此基础上再充分尊重孩子的自由和自主性。只有这样才能让孩子们学到真正有意义的东西。

但是，最近日本社会却开始出现一部分极端的言论,"孩子自己也会长大,所以不能用言语和行动去干涉孩子"。这样的说法,只会给从事教育和指导工作的人带来混乱和迷茫。

孩子的成长,从某种意义上来说,确实需要手拉手进行一定的引导。但是,听到有人说"家长不能拉着孩子的手,可以走在孩子的前边,但是不能拉着手走"。所以,本该指导教育的人,不知不觉就走到了孩子的前边。

现在的问题是,负责指导教育的人走在前边,等回头来看孩子的时候却发现已经看不到孩子的身影。这样的教育,我觉得根本算不上是合格的教育。

无论如何,在最开始的时候都需要拉着孩子的手进行一定的引导。等他长大到一定程度,才可以放开手告诉孩子:"接下来我要走在前边,你一定要跟紧我。"这样的话,等回头的时候就会发现孩子还紧紧跟在身后。

等到再进一步适应后,才能对孩子说:"我就留在这里了,你按照自己的想法随意走吧。"这时孩子才能真正做到独立前行,而这也正是独立自主的样子。

最初阶段的拉着手进行引导,就是道义、道德的教育,是绝对不能偷工减料的教育内容。而现实中,这些道德和道义的教育,极端一点来讲,可以说完全被放弃了。在这种情况下,如何能实现社会的繁荣?!

松下幸之助经常说,教育人是一件需要毅力的事情。不管你讲得多么好,听的人都可能马上全部忘掉。所以,重要的事情和希望对方牢记的事情,一定要说第二遍、第三遍,甚至要说上五遍、十遍,尤其在教育孩子的时候更要如此。